Anne Iburg

Rezepte
für die
Lunchbox

Genuss to go

Imbiss, Fastfood und Kantinenessen sind out! Die Lunchbox ist im Trend. Statt Kebab oder Currywurst ist Superfood aus der Lunchbox angesagt. Einfach am Vorabend mit leckeren Gerichten füllen, wie einem knackigen Salat, einer cremigen Suppe oder auch besonders lecker belegten Sandwiches, und unterwegs oder im Büro genießen.

Schnell zubereitet, gesund, lecker und unkompliziert zu essen: so sieht die ideale Mahlzeit für unterwegs aus. In diesem Buch finden Sie eine große Auswahl an Lunchbox-Rezepten: von vegan und vegetarisch über asiatisch und orientalisch bis hin zu beliebten Klassikern. Suchen Sie sich einfach Ihre Lieblingsrezepte für den Arbeitsplatz, die Unterrichtspause, das Picknick auf der Wiese oder für die Zugreise aus.

Lassen Sie es sich schmecken!

Falafel mit Rohkost und Dip

orientalisches Lieblingsgericht

ZUBEREITUNGSZEIT
ca. 40 Minuten

ZUTATEN
- 40 g Couscous
- Salz
- 1 Dose Kichererbsen (425 g EW)
- 2 zarte Frühlingszwiebeln
- ¼ Bund glatte Petersilie
- Salz
- schwarzer Pfeffer
- 2 TL gemahlener Kreuzkümmel
- 1 Ei
- Olivenöl zum Frittieren
- 80 g Salatgurke
- 60 g Feta
- 20 g in Öl eingelegte, getrocknete Tomaten
- 200 g Rotkohl
- 100 g Sahnejoghurt
- ¼ TL Paprika, edelsüß
- ½ Bio-Zitrone
- Limette, Frühlingszwiebelringe und glatte Petersilie zum Verzieren

1 Den Couscous mit etwa 100 ml kochendem Wasser übergießen, salzen und quellen lassen. Die Kichererbsen zwischen Küchenpapier gut trockenrubbeln. Die Frühlingszwiebeln putzen, waschen, das Weiße und Hellgrüne fein schneiden. Die Petersilie waschen, trockenschütteln, die Blätter abzupfen und fein hacken. Die Kichererbsen mit Ei, Frühlingszwiebeln, Petersilie und Gewürzen pürieren und evtl. nachwürzen. Mit leicht angefeuchteten Händen zu zwölf Kugeln formen.

2 Eine große Pfanne höchstens ein Drittel hoch mit Öl füllen und dieses stark erhitzen. Die Falafel darin in zwei bis drei Portionen in jeweils 3–4 Minuten goldbraun frittieren. Auf Küchenpapier entfetten. Drei Falafel in die Lunchbox setzen. Die restlichen können anders verwendet werden.

3 Die Salatgurke waschen, trockentupfen und in dünne Scheiben schneiden. Den Feta würfeln und die getrockneten Tomaten in feine Streifen schneiden. Den Rotkohl ebenfalls in feine Streifen schneiden.

4 Inzwischen den Joghurt mit Salz und Paprika verrühren. Die Zitrone heiß waschen und abtrocknen, die Schale fein abreiben und den Saft auspressen. Saft und Schale mit dem Joghurt verrühren.

5 Die Rohkost und den kalten Couscous zuerst in die Lunchbox geben. Die Falafel mittig obendrauf platzieren. Feta und getrocknete Tomaten ebenfalls dazugeben. Mit Limette, Frühlingszwiebel und Petersilie verzieren. Den Dip in eine separate Schüssel geben.

Miso-Nudelsuppe

asiatischer Genuss für Eilige

ZUBEREITUNGS-
ZEIT
ca. 10 Minuten

ZUTATEN
- 80 g Räuchertofu
- 1 Frühlingszwiebel
- 1 TL Instant-Dashi
- 1 EL Miso-Paste
- 60 g Mie-Nudeln

1 Den Räuchertofu in ½ cm große Würfel schneiden. Von der Frühlingszwiebel die Wurzeln und ganz dunkelgrüne Blätter wegschneiden, den Rest waschen und leicht schräg in ganz dünne Ringe schneiden.

2 Die Dashi und das Miso in die Lunchbox geben und miteinander verrühren. Die Mie-Nudeln, das Tofu und die Frühlingszwiebeln dazugeben. Im Büro mit 400 ml kochend heißem Wasser überbrühen, 5–10 Minuten stehen lassen und verrühren.

Meine Tipps für Sie

Alternative Anstelle von Dashi und Miso können Sie auch 1 TL gekörnte Brühe und 1 EL Sojasauce verwenden.

Mehr Gemüse Sie können auch Tiefkühlgemüse wie z. B. Erbsen, Möhren, Paprika oder Blumenkohl anstelle von nur Frühlingszwiebeln hinzufügen.

Saté mit Erdnusssauce und Reis

Klassiker aus Asien

ZUBEREITUNGSZEIT
ca. 40 Minuten
(+1 Std. zum Marinieren)

ZUTATEN

- 60 g Reis
- 150 g Hähnchenbrustfilet
- 5 g Ingwer
- 10 g Zwiebel
- ¼ TL gemahlener Koriander
- ¼ TL Currypaste
- 3 TL Sojasauce
- 110 ml Kokosmilch
- 60 g Erdnüsse (ungesalzen, geröstet)
- 1 EL Currypaste
- 3 TL Limettensaft
- ¼ TL gemahlener Koriander
- Zucker
- Salz
- 2 EL Rapsöl zum Braten

1 Den Reis in der doppelten Menge Wasser nach Packungsanleitung garen. Das Hähnchenfleisch abspülen, trockentupfen und in dünne, lange Streifen schneiden. Ingwer und Zwiebel schälen und fein hacken. Dann mit Koriander, ¼ TL Currypaste, 1 EL Kokosmilch und 1 TL Sojasauce verrühren. Das Fleisch darin etwa 1 Stunde marinieren.

2 Für die Erdnusssauce die Erdnüsse im Mixer zerkleinern und in einen Topf geben. 1 EL Currypaste und die restliche Kokosmilch dazugeben und alles unter Rühren erwärmen, aber nicht kochen. Mit Limettensaft, der restlichen Sojasauce, ¼ TL Korianderpulver, Zucker und Salz abschmecken.

3 Das Hähnchenfleisch aus der Marinade nehmen, die Marinade abstreifen und die Fleischstreifen längs wellenartig auf lange Holzspieße stecken. Die Spieße salzen.

4 Das Öl in einer großen Pfanne erhitzen und die Spieße darin etwa 5 Minuten anbraten und dabei einmal wenden. Bei kleiner Hitze etwa 3 Minuten zu Ende braten. Die Erdnusssauce, die Spieße und den Reis in die Lunchbox geben.

Mein Tipp für Sie

Fruchtiger Genuss Eine rote Paprika putzen und in mundgerechte Stücke schneiden, anbraten und zusammen mit 100 g frischer Ananas zur Erdnusssauce geben.

Hähnchen süßsauer

Ganz ohne Geschmacksverstärker!

ZUBEREITUNGSZEIT
ca. 30 Minuten

ZUTATEN
- 50 g Langkornreis
- 10 g frischer Ingwer
- 120 g Hähnchenbrustfilet
- 3 EL Sojasauce
- 2 EL Weißweinessig
- 1 Zwiebel
- 100 g rote Paprikaschote
- ¼ rote Chilischote
- 2 Frühlingszwiebeln
- 80 g Aprikosen
- 2 EL Ketchup
- 1 TL Honig
- 2 EL Rapsöl

1 Den Reis in der doppelten Menge Wasser nach Packungsanweisung garen. Den Ingwer schälen und fein würfeln. Das Hähnchenbrustfilet in dünne Scheiben schneiden. Ingwer, Sojasauce und Essig verrühren. Das Fleisch in der Hälfte der Marinade 10 Minuten marinieren.

2 Die Zwiebel halbieren und in Streifen schneiden. Die Paprikaschote putzen und in grobe Stücke schneiden. Die Chilischote längs einritzen. Die Frühlingszwiebeln putzen: Das Weiße wird in 2 cm lange Stücke und das Hellgrüne in Ringe geschnitten. Die Aprikosen entsteinen und in Spalten schneiden. 6 EL Wasser mit der restlichen Marinade, Ketchup und Honig verrühren.

3 Das Fleisch trockentupfen und im heißen Öl in einer Pfanne rundherum scharf anbraten. Dann Zwiebeln, Paprika, Chili und das Weiße der Frühlingszwiebeln in die Pfanne geben und bei mittlerer Hitze 2 Minuten dünsten. Aprikosen und süßsaure Sauce hinzugeben und 5 Minuten kochen. Die Chilischote entfernen. Mit Frühlingzwiebelgrün bestreuen und mit dem Reis in eine Lunchbox packen.

Mein Tipp für Sie

Fruchttausch Wer keine frischen Aprikosen bekommt, kann genauso gut Dosenaprikosen oder -ananas verwenden. Diese dann aber erst ganz zum Schluss zugeben und evtl. mit etwas Limettensaft abschmecken.

Lammcurry

orientalische Köstlichkeit

ZUBEREITUNGSZEIT
ca. 30 Minuten

ZUTATEN

- 1 Zwiebel
- 1 Knoblauchzehe
- 100 g Möhre
- 150 g Zucchini
- 200 g Lammrücken
- 1 EL Olivenöl
- ½ TL Kurkuma
- ½ TL Garam Masala (indische Gewürzmischung)
- 1 TL Mehl
- 150 ml Gemüsebrühe
- 1 EL Zitronensaft
- 1 EL gehackte Cashewkerne
- Salz
- Pfeffer
- 1 EL Joghurt

1 Die Zwiebeln und den Knoblauch schälen und in feine Streifen schneiden. Die Möhren schälen und in Scheiben schneiden. Die Zucchini abspülen, putzen, der Länge nach halbieren und ebenfalls in Scheiben schneiden. Das Lammfleisch trockentupfen und in Streifen schneiden.

2 Das Öl erhitzen und die Zwiebeln darin andünsten. Das Lammfleisch sowie den Knoblauch, Kurkuma und Garam Masala dazugeben und unter Wenden kurz braten. Das Mehl darüberstäuben. Brühe und Zitronensaft dazugeben, das Gemüse hinzugeben und 15 Minuten kochen.

3 Cashewkerne in einer Pfanne ohne Fett goldgelb anrösten. Das Lammcurry mit Salz und Pfeffer abschmecken. Zum Schluss das Lammcurry in eine Lunchbox geben, den Joghurt darauf verteilen und mit Cashewkernen bestreuen.

Mein Tipp für Sie

Vegetarisch Mit 200 g Blumenkohl, 100 g Zuckerschoten und einer Aubergine schmeckt das Curry besonders gut. Nicht zimperlich sein, einfach mit dem Gemüse kochen, das der Kühlschrank hergibt.

Sushi

vegetarische Edel-Häppchen aus Japan

ZUBEREITUNGSZEIT
ca. 45 Minuten
(+ ca. 30 Min. Abkühlzeit)

ZUTATEN

- 125 g Sushi-Reis
- 2 EL Reisessig
- ½ EL Mirin
- 1 TL Zucker
- ½ TL Salz
- 1 Mini-Salatgurke
- ¼ kleine Avocado
- 2 Radicchioblätter
- 1 kleine rote Spitzpaprika
- 50 g Frischkäse
- 1 TL Wasabi-Paste
- 1 Blatt Nori-Algen
- 1 EL Sojasauce
- eingelegter Ingwer

1 Sushi-Reis in 250 ml Wasser in einem Topf zum Kochen bringen. Kurz aufkochen und dann zugedeckt 20 Minuten auf der ausgeschalteten Herdplatte quellen lassen. Topf vom Herd nehmen, Deckel abnehmen und stattdessen ein Küchentuch darüberlegen. 10 Minuten stehen lassen.

2 In einem kleinen Topf 1½ EL Reisessig und Mirin mit Zucker und Salz bis kurz vor dem Kochen erwärmen, dabei rühren, bis sich Zucker und Salz aufgelöst haben. Den Reis in eine Schüssel geben und etwas auseinanderbreiten, damit er schneller abkühlt. Mit der Essigmischung übergießen und etwa 30 Minuten auf Zimmertemperatur abkühlen lassen.

3 Inzwischen die Gurke gründlich waschen, trockenreiben und längs halbieren. Mit einem Löffel die Kerne herauslösen und das Fruchtfleisch der gesamten Länge nach mit einem Sparschäler in dünne Streifen schneiden.

4 Avocado halbieren und den Stein entfernen, Fruchtfleisch in Scheiben schneiden. Sofort mit dem restlichen Reisessig beträufeln, um ein Verfärben zu verhindern.

5 Die Radicchioblätter waschen, trockenschütteln und in lange etwa ½ cm breite Streifen schneiden. Paprikaschote halbieren, entkernen, waschen und in lange dünne Streifen schneiden. Dann den Frischkäse in einer kleinen Schüssel mit der Wasabi-Paste glattrühren. Ein Nori-Blatt auf die Bambusmatte legen und mit Reis bedecken, dabei oben und unten einen kleinen Rand freilassen.

6 Die Frischkäsemischung quer auf dem unteren Reis-Drittel verteilen. Gurke, Avocado, Radicchio und Paprika ebenfalls darauf verteilen. Alles mithilfe der Matte zu einer dicken Rolle formen. Ein scharfes Messer in Wasser tauchen und die Rolle damit in je sechs gleich große Stücke schneiden. Mit Sojasauce und eingelegtem Ingwer in der Lunchbox anrichten.

Hirsebratlinge mit roter Sauce

Vegetarisch, arabisch, phänomenal!

ZUBEREITUNGSZEIT
ca. 40 Minuten

ZUTATEN
- 60 g Hirse
- 120 ml Gemüsebrühe
- 1 TL Sesam
- ½ TL Schwarzkümmel
- 1 Zwiebel
- 1 Knoblauchzehe
- 1 Ei
- 1 TL Paprikapulver, edelsüß
- 1 Messerspitze gemahlener Koriander
- 4 EL Olivenöl
- 1 kleine Dose gehackte Tomaten
- 1 EL Zucker
- 1 TL getrockneter Thymian
- 30 g Tomatenmark

1 Die Hirse in der Brühe nach Packungsanleitung zubereiten. Unterdessen den Sesam und den Schwarzkümmel in einer Pfanne ohne Fett rösten. Zwiebel und Knoblauch fein hacken. Die Hirse in einem Sieb etwas auskühlen lassen. Unter die abgekühlte Hirse das Ei, die Paprika, den Koriander, die angeröstete Sesam- und Schwarzkümmelmischung sowie die Hälfte des Knoblauchs und der Zwiebel geben, vermengen und mit einem Esslöffel Häufchen abstechen. Die Hälfte des Olivenöls erhitzen und die Bratlinge von beiden Seiten 3 Minuten goldgelb braten.

2 Das restliche Öl in einem Topf erhitzen. Den Rest von Knoblauch und Zwiebel anbraten. Die Dosentomaten dazugeben. Mit Zucker, Thymian und Tomatenmark würzen und zu einer Sauce einkochen lassen.

3 Die Tomatensauce in die Lunchbox geben und so viele Bratlinge wie gewünscht hineinsetzen.

Mein Tipp für Sie

Getreidebörse Anstelle von Hirse können Sie die gleiche Menge Quinoa oder auch Grünkernschrot verwenden.

Brötchen mit Grillgemüse

sommerlich – handlich – mediterran

ZUBEREITUNGS-ZEIT
ca. 15 Minuten
(+ ca. 15 Min. Backzeit)

ZUTATEN
- ¼ Zucchini
- ¼ Paprikaschote
- ¼ Aubergine
- Salz
- Pfeffer
- ¼ TL Thymian
- 1 EL Olivenöl
- 1 Brötchen
- 2 EL Pesto alla genovese (Basilikumpesto)

1 Das Gemüse waschen, dann die Zucchini und die Aubergine in Scheiben und die Paprika längs in Streifen schneiden. Das Gemüse salzen, pfeffern und mit Thymian und Olivenöl in einer hitzebeständigen Form mischen. Den Backofen auf 200 °C vorheizen. Das Mischgemüse etwa 15 Minuten auf der oberen Schiene rösten.

2 Das Brötchen aufschneiden und beide Hälften mit dem Basilikumpesto bestreichen. Die untere Hälfte mit dem Gemüse belegen. Das Brötchen zuklappen und in die Lunchbox packen.

Mein Tipp für Sie

Frische Tomate Eine Tomate würfeln und mit zerdrückter Knoblauchzehe, einigen Basilikumblättchen sowie Olivenöl auf dem Brötchen verteilen.

Wraps mit Mozarellasticks

der urbane Mittagssnack

ZUBEREITUNGSZEIT
ca. 25 Minuten

ZUTATEN

- ½ Avocado
- 2 EL Zitronensaft
- ¼ TL Kreuzkümmel, gemahlen
- etwas Paprikapulver, edelsüß
- etwas weißer Pfeffer
- Salz
- 6 Blätter Eisbergsalat
- 100 g Möhre
- 1 TL Zitronensaft
- 3 Mozzarellasticks
- 2 EL Rapsöl
- 1 TL Ketchup
- 1 ½ Weizenmehl-Tortillas
- 100 g Weintrauben

1 Die halbierte Avocado vom Kern befreien und schälen. Das Fruchtfleisch mit einer Gabel zerdrücken, dabei den Zitronensaft einarbeiten. Das Mus mit Kreuzkümmel, Paprika, Pfeffer und Salz abschmecken.

2 Den Eisbergsalat waschen und trockentupfen. Die Möhre waschen, schälen und raspeln. Die Möhrenraspeln mit Zitronensaft beträufeln.

3 Das Rapsöl in einer Pfanne erhitzen und die Mozzarellasticks von allen Seiten goldgelb nach Packungsanleitung braten.

4 Die Tortillas nach Packungsangabe kurz erhitzen (in der Mikrowelle oder einer Pfanne). Mit Ketchup bestreichen. Mit Salat, Möhrenraspeln, Avocadocreme und Mozzarellasticks belegen. Die Tortillas zu Wraps aufrollen, den ganzen Wrap halbieren und nebeneinander in die Lunchbox setzen.

5 Die Weintrauben abwaschen, trockentupfen und zu den Wraps in die Lunchbox setzen.

Tofuspieße mit Sojasauce und Reis

vegane Leckerei

ZUBEREITUNGSZEIT
ca. 25 Minuten

ZUTATEN
- 40 g Basmatireis
- 50 g Räuchertofu
- ½ gelbe Paprikaschote
- 1 kleine Zucchini
- 4 Cocktailtomaten
- 2 Frühlingszwiebeln
- 2 EL Sojasauce
- Salz
- Pfeffer
- Cayennepfeffer
- 1 EL Rapsöl

1 Den Basmatireis nach Packungsanleitung in leicht gesalzenem Wasser garen.

2 Unterdessen den Räuchertofu in Würfel schneiden. Das Gemüse waschen und trockentupfen. Die Paprika in Vierecke, die Zucchini hingegen in dünne Scheiben schneiden. Je ein Tofuwürfel, eine Stück Paprika, eine Zucchini und eine Cocktailtomate auf den Bambusspieß stecken. Jeden Spieß mit Sojasauce beträufeln und abschließend mit Salz, Pfeffer und Cayennepfeffer würzen.

3 Das Öl in einer Pfanne erhitzen und die Spieße darin von allen Seiten braten. Ab damit in die Lunchbox, wo der Reis schon wartet!

Mein Tipp für Sie

Für Fleischfans Anstelle des Räuchertofus verwenden Sie einfach 125 g Hähnchenbrust oder die gleiche Menge Rinderfilet.

Der klassische Kartoffelsalat wird mit Erbsen und Paprika aufgepeppt. Die leichte Marinade ist weitaus gesünder als das populäre Mayonnaise-Dressing.

Kartoffelsalat mit Erbsen und Paprika

Macht satt und glücklich!

ZUBEREITUNGSZEIT
ca. 30 Minuten
(+1 Std. Marinierzeit)

ZUTATEN
- 200 g Kartoffeln
- 1 Knoblauchzehe
- 50 g rote Paprika
- 50 g tiefgekühlte Erbsen
- 2 EL Essig
- 1 EL Senf
- 1 EL fein gehackter Dill
- 1 EL fein gehackte Petersilie
- 1 EL Rapsöl
- ½ TL Zucker
- 50 ml Gemüsebrühe
- Salz
- Pfeffer

1 Die Kartoffeln gründlich waschen und abbürsten. In einen Topf geben und mit Wasser bedecken. Zugedeckt etwa 20 Minuten garen. Währenddessen den Knoblauch fein hacken, die Paprika putzen und in Würfel schneiden. Knoblauch und Paprika mit den Erbsen in eine Salatschüssel geben.

2 Für die Marinade Essig, Senf, die Kräuter, Öl, Zucker, Salz und Pfeffer vermengen. Die Gemüsebrühe einrühren und die Marinade anschließend über die Salatzutaten gießen.

3 Die Kartoffeln noch lauwarm in Scheiben geschnitten zu den anderen Salatzutaten geben. In eine Lunchbox geben und dort abkühlen lassen.

4 Dazu passen kleine Cocktailwürstchen oder auch vegetarische Bällchen.

Mein Tipp für Sie

Veggi-Bällchen ½ Tasse Couscous mit 1 Tasse heißem Wasser übergießen und quellen lassen. 200 g tiefgekühlten Brokkoli auftauen und fein hacken. 1 kleine Zwiebel fein hacken und alles zusammen mit ¼ Tasse Semmelbrösel, 1 Tasse geriebenem Gouda und 1 Ei vermengen. Mit Salz, Pfeffer und Chili würzen. Den Teig herstellen, Kugeln formen und in heißem Öl von allen Seiten anbraten.

Rote Linsensuppe

vegetarisches Soulfood für kalte Tage

ZUBEREITUNGS-ZEIT

ca. 35 Minuten

ZUTATEN

- 1 Möhre
- 50 g Lauch
- ½ säuerlicher Apfel (z. B. Boskop)
- ½ Zwiebel
- 1 EL Rapsöl
- 50 g rote Linsen
- 300 ml Gemüsebrühe
- ½ TL Currypulver
- ½ TL Salz
- ½ TL Pfeffer
- 1 TL frisch gepresster Zitronensaft
- 50 g Joghurt

1 Die Möhre schälen und in ½ cm große Würfel schneiden. Den Lauch längs halbieren, waschen und fein schneiden. Den Apfel waschen, schälen, vierteln, das Kerngehäuse entfernen und das Fruchtfleisch klein würfeln. Die Zwiebel schälen und fein hacken.

2 Das Rapsöl in einem Topf erhitzen, die Zwiebel darin kurz andünsten. Lauch- und Möhrenstückchen 2 Minuten mitdünsten, dann die Apfelwürfel und die Linsen zugeben. Mit Brühe aufgießen und das Currypulver einrühren. Zugedeckt bei mittlerer Hitze 20–25 Minuten kochen, bis die Linsen und das Gemüse weich sind.

3 Die Suppe mit Salz, Pfeffer und Zitronensaft abschmecken. Vom Herd nehmen, den Joghurt unterrühren und mit dem Pürierstab grob pürieren. Die „Soulfood"-Suppe in die Lunchbox füllen. Dazu schmeckt Fladenbrot.

Mein Tipp für Sie

Für Fleischfans Sie können in Würfel geschnittene, gegarte Hähnchenbrust in die Suppe geben.

Die getrockneten Cranberries setzen süße Akzente im gesunden Salat aus Blattspinat und Kichererbsen. Genau das Richtige für Freunde des süßherben Genusses.

Kichererbsen-Spinat-Salat

knackiger Salat für unterwegs

ZUBEREITUNGSZEIT
ca. 20 Minuten

ZUTATEN
- 60 g junger Spinat
- 1 Frühlingszwiebel
- ½ kleine Schalotte
- 50 g Joghurt
- 1 TL Olivenöl
- ½ TL mittelscharfer Senf
- 1 EL Himbeeressig
- 2 EL warme Gemüsebrühe
- Salz
- schwarzer Pfeffer
- 80 g Kichererbsen
- 2 EL getrocknete Cranberries

1 Den Spinat sorgfältig verlesen, waschen und sehr gut abtropfen lassen. Die Frühlingszwiebeln putzen, waschen und von grün nach weiß in Ringe schneiden.

2 Für die Salatsauce die Schalotte schälen, vierteln und fein hacken. Den Joghurt zusammen mit Öl, Senf, Essig und Gemüsebrühe verrühren. Die Sauce mit Salz und Pfeffer würzen.

3 Die Kichererbsen in ein Sieb geben und gut abtropfen lassen. Kichererbsen, Cranberries, Spinat und Frühlingszwiebeln in die Lunchbox geben. Die Sauce in ein separates Behältnis geben und erst kurz vor dem Verzehr untermischen.

Mein Tipp für Sie

Pikant Mit einer ½ Kugel Mozzarella und 4–6 klein geschnittenen, getrockneten und in Öl eingelegten Tomaten anstelle von Cranberries schmeckt der Kichererbsensalat auch sehr gut.

Das Power-Getreide Quinoa ist im Moment in aller Munde. Quinoa ist aufgrund seiner Inhaltsstoffe nicht nur gesund, einige Sorten sind zudem glutenfrei. Eine gute Alternative für Allergiker.

Quinoasalat

Inka-Getreide für Jedermann

ZUBEREITUNGSZEIT
ca. 25 Minuten

ZUTATEN
- 80 g Quinoa
- 160 ml Gemüsebrühe
- 2 Möhren
- 100 g Champignons
- ¼ Bund glatte Petersilie
- 100 g Emmentaler Käse
- 1 EL Kürbiskerne, Sonnenblumenkerne, Sesamkerne
- 2 EL Olivenöl
- 2 EL Zitronensaft
- Salz
- weißer Pfeffer

1 Das Quinoa in der Gemüsebrühe nach Packungsanleitung garen. Die Möhren waschen, schälen und in feine Würfel schneiden. Die Champignons putzen und blättrig schneiden. Die Petersilie waschen und fein hacken. Den Emmentaler ebenfalls in feine Würfel schneiden.

2 In einer Pfanne 1 EL Olivenöl erhitzen, die Möhrenwürfel und Champignons darin anbraten. Das restliche Öl mit Zitronensaft, Salz und Pfeffer, den knackigen Kernen und der Petersilie vermischen.

3 Alle Zutaten miteinander vermengen und in eine Lunchbox geben.

Mein Tipp für Sie

Preiswerte Alternative Anstelle von Quinoa können Sie den Salat auch mit Hirse, Bulgur oder Reis zubereiten.

Bunter Salat mit Gorgonzoladressing

Weinberg-Sehnsucht

ZUBEREITUNGSZEIT
ca. 35 Minuten

ZUTATEN
- 50 g Gorgonzola
- 50 g Joghurt
- 1 TL Weißweinessig
- Salz
- 1 Spritzer Zitronensaft
- 1 Prise Zucker
- Pfeffer aus der Mühle
- 70 g blaue, kernlose Weintrauben
- 15 g Walnusskerne
- 1 Stange Staudensellerie
- ½ kleiner Apfel
- 1 TL Zitronensaft
- 120 g Hähnchenbrustfilet
- Salz
- schwarzer Pfeffer aus der Mühle
- ¼ TL Curry
- 1 EL Rapsöl
- 1 Handvoll Feldsalat

1 Für das Dressing den Käse mit einer Gabel fein zerdrücken. Mit dem Joghurt und dem Essig glattrühren sowie mit Zitronensaft, Salz, Zucker und Pfeffer abschmecken.

2 Für den Salat die Trauben waschen, abtropfen lassen und halbieren. Die Nüsse grob hacken. Den Staudensellerie waschen, die Fäden ziehen und in dünne Scheiben schneiden. Den Apfel waschen, vierteln, das Kerngehäuse entfernen und in Würfel schneiden. Sofort mit dem Zitronensaft mischen.

3 Das Hähnchenbrustfilet waschen, in dünne Streifen schneiden, salzen, pfeffern und mit Curry bestäuben, dann in einer beschichteten Pfanne in heißem Öl etwa 10 Minuten goldbraun braten.

4 Den Feldsalat waschen, trocken schütteln und in ein eigenes Fach der Lunchbox geben. Das Hähnchen mit den Walnüssen, Trauben, Sellerie- und Apfelstücken in das Hauptfach der Lunchbox geben. Das Blauschimmelkäse-Dressing kann darübergegossen oder ebenfalls in ein separates Fach gefüllt werden.

Mein Tipp für Sie

Für Eilige Wenn es schneller gehen soll, dann kaufen Sie schon gebratene und in Stücke geschnittene Hähnchenbrust.

Grünkern-Gemüse-Suppe

vegetarisches Wintervergnügen

ZUBEREITUNGSZEIT
ca. 30 Minuten

ZUTATEN

- 20 g Grünkernschrot
- 10 g Butter
- 150 g tiefgekühltes Suppen-gemüse
- 300 ml Gemüsebrühe auf Instantbasis
- 2 EL Saure Sahne
- Salz
- schwarzer Pfeffer
- 2 EL Schnittlauchröllchen

1 Den Grünkernschrot in einem Topf mit geschmolzener Butter kurz rösten und dann mit der Brühe ablöschen. Die Flüssigkeit zum Kochen bringen und das Tiefkühlgemüse dazugeben. Das Ganze etwa 20 Minuten gar kochen.

2 Die Suppe mit einem Pürierstab zu einer homogenen Masse pürieren. Die Saure Sahne unter die nicht mehr kochende Suppe rühren und diese dann mit Salz, Pfeffer und Schnitt-lauch abschmecken.

3 Die Grünkernsuppe in eine Lunchbox geben. Dazu passt ein Körnerbrötchen oder auch als Dessert eine Portion Fruchtquark.

Mein Tipp für Sie

Resteverwertung Anstelle von tief-gekühltem Suppengemüse können auch Gemüsereste verwendet wer-den, wie z.B. Zucchini, Möhren, Blu-menkohl, Brokkoli oder Kohlrabi.

Tortellini-Thunfisch-Salat

Das schmeckt nach Sommer!

ZUBEREITUNGSZEIT
ca. 25 Minuten

ZUTATEN

- 120 g Tortellini
- etwas Salz
- ½ kleine Zwiebel
- ¼ Bund Basilikum (nach Wunsch)
- 1 Fleischtomate
- 1 gelbe Paprikaschote
- 80 g Thunfisch im eigenen Saft
- 1 EL Rotweinessig
- 4 EL Olivenöl
- schwarzer Pfeffer aus der Mühle
- etwas Salz

1 Die Tortellini nach Packungsanweisung in reichlich gesalzenem Wasser garen, abgießen, abschrecken und auskühlen lassen.

2 Die Zwiebel schälen und die Hälfte fein hacken. Das Basilikum waschen, trockenschütteln, die Blätter von den Stielen zupfen und in feine Streifen schneiden.

3 Die Tomate waschen, über Kreuz einritzen, kurz überbrühen und enthäuten, dann in Würfel schneiden. Die Paprikaschote waschen, putzen und ebenfalls in feine Würfel schneiden.

4 Den Thunfisch abtropfen lassen und mit einer Gabel zerpflücken. Tortellini mit Gemüse, Zwiebel, Basilikum und Thunfisch in eine Schüssel geben und gut vermengen.

5 Essig, Öl, schwarzer Pfeffer und Salz zu einem Dressing verrühren und über die Salatzutaten geben. Das Ganze in die Lunchbox füllen.

Mein Tipp für Sie

Süßes zum Schluss Ein Joghurt oder etwas Obst ergänzen das Mittagsmahl perfekt. Wie wäre es mit frischer Ananas, Melonenstückchen oder ein paar Erdbeeren?

Linsensalat

vegetarisches Ägypten

ZUBEREITUNGSZEIT
ca. 35 Minuten

ZUTATEN

- 125 g Joghurt
- 1 EL Senf
- 1 EL Walnussessig
- Zucker
- Salz
- Pfeffer
- ½ kleine Zwiebel
- 1 Möhre
- ½ gelbe Paprika
- 1 Stange Staudensellerie
- 1 EL Olivenöl
- Salz
- schwarzer Pfeffer
- 2 Stängel glatte Petersilie
- 2 Zweige Thymian
- 50 g braune Linsen
- 100 ml Gemüsebrühe

1 Für das Dressing Joghurt, Senf und Essig miteinander verrühren. Mit Zucker, Salz und Pfeffer abschmecken.

2 Die Zwiebel schälen und die Hälfte fein hacken. Die Möhre schälen, Paprika und Sellerie waschen und putzen, anschließend alles in feine Würfel schneiden. Das Olivenöl in einer Pfanne erhitzen und die Zwiebel- und Gemüsewürfel darin dünsten. Mit Salz, Pfeffer, Petersilie und Thymian würzen. Nach 10 Minuten das Gemüse aus der Pfanne nehmen und kalt stellen.

3 In der Pfanne die Linsen anschwitzen, mit Gemüsebrühe aufgießen und zum Kochen bringen. Die Linsen bissfest garen und ebenfalls aus der heißen Pfanne nehmen und kalt stellen.

4 Die kalten Linsen mit dem Gemüse vermengen. Das Salatdressing untermengen und das Ganze in eine Lunchbox geben.

Mein Tipp für Sie

Fruchtig Wer es fruchtig mag, schneidet eine Kaki in Würfel und/oder filetiert eine Orange und gibt beides mit dem Saft unter den Linsensalat.

Eier-Bacon-Muffins

leckeres Protein-Bömbchen

ZUBEREITUNGSZEIT
ca. 5 Minuten
(+ 20 Min. Backzeit)

ZUTATEN
- etwas Öl
- 4 Scheiben Bacon (Frühstücksspeck)
- 2 Eier
- 2 EL Milch
- Salz
- Pfeffer
- 1 EL fein gehackte Kräuter z. B. Dill, Petersilie oder Schnittlauch
- 2 EL frisch geriebener Parmesan
- 2 Blätter Eisbergsalat
- 2 Blätter Radicchio

1 Den Backofen auf 180 °C Ober-/Unterhitze vorheizen und zwei Vertiefungen der Muffinform mit einem Pinsel dünn mit Öl einfetten.

2 Zwei Streifen Frühstücksspeck so in jede Muffinform hineinlegen, dass sie von allen Seiten mit Speck bedeckt ist.

3 Die Eier in einer Schüssel mit Milch verquirlen und mit Salz und Pfeffer würzen. Die Kräuter unterrühren. Die Eiermasse in die Muffinform geben und den Käse darüberstreuen.

4 Im vorgeheizten Backofen ca. 15–20 Minuten backen, bis die Eier gestockt sind. Kurz abkühlen lassen und dann vorsichtig aus der Form lösen.

5 Eisbergsalat und Radicchio waschen, trockentupfen und in mundgerechte Streifen schneiden.

6 Den Salat zuerst in die Lunchbox geben und die Eier im Speckkörbchen daraufsetzen oder in einem separaten Fach transportieren.

Mein Tipp für Sie

Salatdressing 1 TL Meerrettich mit 1 TL Honig, 1 EL Rapsöl, 50 ml Gemüsebrühe (Instant) aufschlagen und mit Salz und weißem Pfeffer abschmecken.

Lachs-Blätterteig-Hörnchen

nordisches Fingerfood

Z U B E R E I T U N G S -
Z E I T
ca. 10 Minuten
(+20 Min Backzeit)

ZUTATEN

- 1 Platte TK-Blätterteig
- 25 g Kräuterfrischkäse
- 1 TL Senf
- 1 TL frischer Dill
- 40 g geräucherter Lachs
- 1 Eigelb
- 1 EL Milch

1 Den Blätterteig antauen lassen und diagonal in zwei Dreiecke ähnlich einem Tortenstück schneiden.

2 Den Kräuterfrischkäse mit Senf verrühren. Den Dill untermischen und damit den Teig bestreichen. Die Lachsscheiben auf den Frischkäse legen. Achten Sie darauf, dass der Lachs nicht über die Teigstücke hinausragt.

3 Die Hörnchen von der breiten Seiten zur Spitze hin aufrollen und auf ein mit Backpapier belegtes Backblech legen. Das Eigelb mit der Milch verquirlen und die Hörnchen damit bepinseln. Im vorgeheizten Backofen bei 200 °C Ober- und Unterhitze (Umluft 180 °C) etwa 20 Minuten backen. Die Lachs-Blätterteig-Hörnchen auskühlen lassen und in eine Lunchbox setzen.

> **Mein Tipp für Sie**
>
> **Frisch genießen** Ein knackiger Salat und ein paar Radieschen serviert mit einem Joghurtdressing (siehe Umschlagklappe) passen ideal zu den Hörnchen.

Die Vielfalt der italienischen Pasta ist legendär. Für Salate eignen sich besonders kleinere Pastaformen wie Fusilli, Farfalle oder Penne.

Fusilli-Salat mit leichtem Gemüse

kalorienbewusst genießen

ZUBEREITUNGSZEIT
ca. 25 Minuten

ZUTATEN
- 60 g Fusilli
- 1 Möhre
- 3 Radieschen
- 50 g Kohlrabi
- 20 g gekochter Schinken
- 2 EL Schmand (alternativ fettreduzierten Joghurt verwenden)
- 1 TL Obstessig
- ½ TL tiefgekühlte Gartenkräuter
- Salz, weißer Pfeffer
- 1 Messerspitze Zucker

1 Die Fusilli nach Packungsanleitung in leicht gesalzenem Wasser bissfest garen.

2 Die Möhre und die Radieschen waschen, die Möhre schälen und beides in Scheiben schneiden. Das Stück Kohlrabi stifteln. Die Scheibe gekochten Schinken in feine Streifen schneiden.

3 Den Schmand mit dem Obstessig verrühren. Kräuter, Salz, Pfeffer und Zucker unterrühren und über den Nudelsalat geben. Alles zusammen in die Lunchbox füllen.

Mein Tipp für Sie

Dazu ein grüner Smoothie Sie benötigen dazu lediglich 2 Handvoll Spinat, ¼ Salatgurke, 1 Banane und 1 Orange. Alle Zutaten waschen oder schälen, in einen Mixer geben und pürieren.

Tomaten-Brot-Salat mit Avocado

Multi-Kulti-Schmaus

ZUBEREITUNGSZEIT
ca. 20 Minuten

ZUTATEN
- ½ rote Zwiebel
- 20 g Pinienkerne
- 2 EL Olivenöl
- 1 Scheibe Roggenmischbrot
- 120 g Kirschtomaten
- ½ Avocado
- 1 Handvoll Basilikum-blättchen (alternativ Minze oder glatte Petersilie)
- 2 EL Zitronensaft
- Salz
- schwarzer Pfeffer

1 Den Backofen auf 200 °C Ober-/ Unterhitze (180 °C Umluft) vorheizen.

2 Die rote Zwiebel schälen und die Hälfte fein hacken. Die Pinienkerne in einer kleinen Pfanne ohne Fett 3–4 Minuten rösten. Aus der Pfanne nehmen, 1 EL Olivenöl in der Pfanne erhitzen und die Zwiebel darin ca. 2 Minuten bei mittlerer Hitze anschwitzen.

3 Inzwischen das Roggenbrot in 1,5 cm große Würfel schneiden, auf einem mit Backpapier ausgelegten Backblech verteilen und im Backofen auf der mittleren Schiene ca. 7 Minuten backen.

4 Die Tomaten waschen und halbieren. Aus der Avocadohälfte den Kern entfernen und schälen. Anschließend das Fruchtfleisch in Würfel schneiden. Die Basilikumblättchen waschen und abtropfen lassen.

5 Die Brotwürfel mit Avocado, Tomaten, Pinienkernen, Zwiebeln, Basilikum, dem restlichen Olivenöl und Zitronensaft in eine Schüssel geben, alles vermischen und mit Salz und Pfeffer abschmecken. In eine Lunchbox geben.

Mein Tipp für Sie

Alternative Anstatt Avocado kann man auch eine paar schwarze Oliven und 100 g weiße Bohnen aus der Dose hinzufügen.

Kichererbsensalat mit Grapefruit

kalorienarm

ZUBEREITUNGSZEIT
ca. 15 Minuten

ZUTATEN

- 80 g Kichererbsen aus der Dose
- ½ Grapefruit
- ½ Avocado
- 1 EL Zitronensaft
- ½ rote Zwiebel
- ½ gelbe Paprika
- 1 Handvoll junger Blattspinat
- 2 EL Olivenöl
- Saft einer ½ Orange
- Salz
- Pfeffer
- 1 TL Honig

1 Aus Olivenöl und Orangensaft, mit Salz, Pfeffer und Honig abgeschmeckt, ein leichtes Dressing herstellen.

2 Die Kichererbsen in ein Sieb geben und gut abtropfen lassen. Inzwischen die Grapefruit filetieren. Dafür das obere und untere Ende der Schale großzügig abschneiden. Dann die Schale an den Seiten mitsamt der weißen Haut wegschneiden. Zum Schluss das Fruchtfleisch aus den Trennhäuten schneiden.

3 Den Stein mithilfe eines spitzen Messers aus der halbierten Avocado entfernen. Die Avocado schälen und in mundgerechte Stücke schneiden. Mit Zitronensaft beträufeln.

4 Die rote Zwiebel schälen, halbieren und eine Hälfte in feine Ringe schneiden. Die Paprika waschen und in kleine Streifen schneiden. Den Blattspinat waschen, verlesen und trockentupfen.

5 Alle Zutaten in ein Schraubglas schichten. Das Dressing separat transportieren.

Mein Tipp für Sie

Mehr Power Kalorienreicher wird der Salat, wenn Sie Fetawürfel und geröstete Haselnussblättchen dazugeben.

Der Schichtsalat ist wieder da: Der Party-Klassiker aus den 50er Jahren ist mit vielen bunten Zutaten nicht nur ein gesunder Hochgenuss, sondern auch ein absoluter Augenschmaus.

Lunch aus dem Glas

Schicht für Schicht ein Genuss!

ZUBEREITUNGSZEIT
ca. 20 Minuten

ZUTATEN
- 30 g Couscous
- Salz
- 1 Tomate
- 100 g Möhre
- 120 g Rotkohl
- 100 g Gurke
- 80 g gelbe Paprika
- 60 g Magerquark
- 1 EL Mandelmus
- 5 EL Buttermilch
- 1 EL Ajvar
- Salz, Pfeffer und Paprika (edelsüß)

1 Für den Dip Magerquark mit Mandelmus, Buttermilch und Ajvar verrühren. Mit Salz, Pfeffer und Paprikapulver abschmecken.

2 Den Couscous mit etwa 60 ml kochendem Wasser übergießen, salzen und quellen lassen. Die Tomate waschen und in Spalten schneiden. Die Möhre waschen, putzen, schälen und fein raspeln. Den Rotkohl hobeln. Die Gurke und die Paprika waschen. Die Gurke in dünne Scheiben schneiden. Die Paprika würfeln.

3 Alles in Schichten in ein hohes Schraubglas füllen. Den Dip in einem separaten Gefäß mitnehmen.

Mein Tipp für Sie

Sattmacher Anstatt einer Scheibe Brot können Sie zum Schichtsalat auch ein paar Grissinistangen genießen!

Reissalat mit Thunfisch

Mittagessen wie in Südostasien

ZUBEREITUNGSZEIT
ca. 25 Minuten

ZUTATEN
- 70 g Reis
- Salz
- 40 g breite grüne Bohnen
- 50 g Bambussprossen aus der Dose
- 50 g Shiitake-Pilze
- 100 g Thunfisch im eigenen Saft aus der Dose
- ¼ rote Paprika
- ¼ Zwiebeln
- 10 g Ingwer

1 Den Reis in der doppelten Menge leicht gesalzenen Wassers aufkochen und nach Packungsanleitung ausquellen lassen.

2 Die Bohnen waschen, putzen und in leicht gesalzenem Wasser etwa 1 Minute blanchieren. In ein Sieb geben und kalt abspülen. Dann in dünne Streifen schneiden. Die Bambussprossen abtropfen lassen und in Streifen schneiden. Die Shiitake-Pilze putzen und in Streifen schneiden.

3 Die Paprika waschen und in Würfel schneiden. Die Zwiebel und den Ingwer schälen und fein hacken. Den Thunfisch zerpflücken und auf einem Sieb abtropfen lassen.

4 Für das Dressing 2 EL Rapsöl mit 3 EL Limettensaft und 1 EL Sojasauce verrühren. Alle Zutaten mit dem Dressing vermengen und in die Lunchbox geben.

Mein Tipp für Sie

Fruchtiger und bunter Geben Sie zusätzlich das Fruchtfleisch einer ½ Papaya und die Ringe von zwei Frühlingszwiebeln in den Salat.

Wrap mit Ei

kalorienarm & köstlich

ZUBEREITUNGSZEIT
ca. 20 Minuten

ZUTATEN

- 1 Ei
- ¼ Kästchen Kresse
- 2 Radieschen
- 10 g würziger Käse, z. B. Greyerzer
- 1 Blatt Eisbergsalat
- 2 EL Magerquark
- 1 TL Senf
- 1 TL Rapsöl
- Salz
- Pfeffer
- 1 EL Küchenkräuter wie z. B. Petersilie, Dill und Schnittlauch
- 1 Weizenmehl-Tortilla

1 Das Ei hart kochen, abschrecken, pellen und grob hacken. Die Kresse mit einer Schere vom Wurzelballen schneiden. Die Radieschen putzen waschen und raspeln. Den Käse in kleine Würfel schneiden. Den Eisbergsalat in Streifen schneiden.

2 Die Weizentortilla kurz in der Mikrowelle oder einer Pfanne erwärmen.

3 Den Quark mit Senf und Öl verrühren und mit etwas Salz und Pfeffer sowie Kräutern abschmecken.

4 Die Zutaten auf dem Tortilla-Fladen verteilen, dabei einen 2 cm breiten Rand freilassen. Mit dem Dressing beträufeln und eventuell mit den restlichen Zutaten bestreuen.

5 Den Tortilla-Rand an einer Längsseite ein Stück über die Füllung schlagen, die schmale Seite ein Stück zur Mitte einklappen, damit die Füllung dort nicht herausrutschen kann. Dann die Tortilla komplett aufrollen. Etwas festdrücken, formen und in Pergamentpapier oder Klarsichtfolie wickeln. In die Lunchbox geben oder in Butterbrotpapier gewickelt mitnehmen.

Mein Tipp für Sie

Mal was anderes Avocado mit Zitronensaft pürieren und mit Kreuzkümmel, Salz und Chiliflocken abschmecken. Die Creme auf dem Fladen verstreichen. 1 Tomaten würfeln, 1 rote Zwiebel hacken und beides draufstreuen. Dann einfach aufwickeln und reinbeißen!

Die klassische Kombination aus Tomate und Feta wird hier ergänzt durch Brokkoli-Röschen und Sonnenblumenkerne.

Brokkoli-Tomaten-Salat mit Feta

vegetarisch

ZUBEREITUNGSZEIT
ca. 30 Minuten

ZUTATEN
- 250 g Brokkoli
- 1 Stange Staudensellerie
- 1 Knoblauchzehe
- 100 g Cocktailtomaten
- 2 EL Olivenöl
- 2 EL Aceto Balsamico
- Salz
- schwarzer Pfeffer
- ¼ Bund glatte Petersilie
- 100 g Feta
- 4 getrocknete, in Öl eingelegte Tomaten
- 1 EL Sonnenblumenkerne

1 Den Brokkoli putzen, in Röschen teilen und in wenig Salzwasser etwa fünf Minuten dünsten, sodass er noch Biss hat. Den Sellerie waschen, trockentupfen und in feine Streifen schneiden. Den Knoblauch abziehen und fein hacken. Die Cocktailtomaten waschen und halbieren. Alles zusammen mit dem abgekühlten Brokkoli in das größere Fach der Lunchbox geben.

2 Für das Dressing das Olivenöl mit dem Balsamico-Essig verrühren und mit Salz und Pfeffer würzen. Die Petersilie kleinschneiden und hinzugeben. Das Dressing mit dem Gemüse vermischen und in die Lunchbox geben.

3 Den Feta in Würfel schneiden, die eingelegten Tomaten in kleine Stücke schneiden. Beides zusammen mit den Sonnenblumenkernen in ein separates Fach der Lunchbox geben.

Mein Tipp für Sie

Spargelsaison Anstelle von Brokkoli kann der Salat mit weißen oder grünen Spargelstangen zubereitet werden. Den weißen Spargel schälen und etwa 18 Minuten garen. Beim grünen Spargel nur das untere Drittel schälen und 12 Minuten garen. Danach in mundgerechte Stücke schneiden und dem Rezept folgen.

Das italienische Tramezzino trifft das amerikanische Sandwich. Eine tolle Kombination für einen kleinen Snack zwischendurch – ganz egal ob unterwegs oder im Büro.

Rucola-Tomaten-Sandwich

mediterrane Brotzeit

ZUBEREITUNGSZEIT
ca. 10 Minuten

ZUTATEN
- 2 Scheiben Sandwichbrot
- 1 TL Frischkäse
- 1 TL Pesto alla genovese (Basilikumpesto)
- 1 Handvoll Rucola
- 4 in Öl gelegte, getrocknete Tomaten
- 1 Scheibe Gouda

1 Die beiden Sandwich-Scheiben mit Frischkäse bestreichen. Dann das Pesto gleichmäßig auf beiden Seiten verteilen.

2 Auf einer Sandwich-Scheibe den Rucola verteilen und auf die andere die getrockneten Tomaten geben. Die Scheibe Gouda dazwischenlegen und dann das Brot zusammenklappen. Fertig ist das Luxus-Pausenbrot.

Mein Tipp für Sie

Warmer Genuss Wer mag, kann das Sandwich in einem Sandwichmaker noch kurz antoasten. Der geschmolzene Käse ist auch kalt ein Genuss!

Index

Unsere Buchtipps für Sie

TOPP 8019
ISBN 978-3-7724-8019-5

TOPP 8015
ISBN 978-3-7724-8015-7

TOPP 8029
ISBN 978-3-7724-8029-4

TOPP 8014
ISBN 978-3-7724-8014-0

TOPP 8027
ISBN 978-3-7724-8027-0

TOPP 8002
ISBN 978-3-7724-8002-7

TOPP 8026
ISBN 978-3-7724-8026-3

TOPP 5940
ISBN 978-3-7724-5940-5

TOPP 7553
ISBN 978-3-7724-7553-5

TOPP 7573
ISBN 978-3-7724-7573-3

TOPP 7623
ISBN 978-3-7724-7623-5

TOPP 6455
ISBN 978-3-7724-6455-3

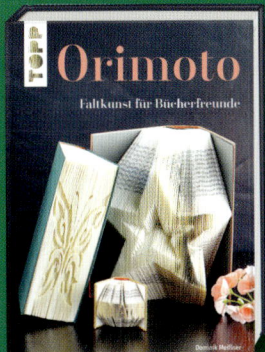

TOPP 7599
ISBN 978-3-7724-7599-3

TOPP 5942
ISBN 978-3-7724-5942-9

TOPP 7418
ISBN 978-3-7724-7418-7

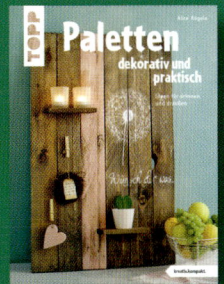

TOPP 4233
ISBN 978-3-7724-4233-9

TOPP 7622
ISBN 978-3-7724-7622-8

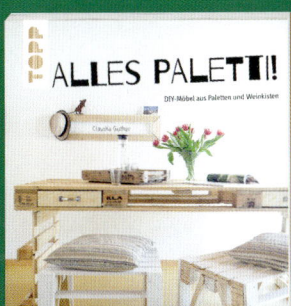

TOPP 5980
ISBN 978-3-7724-5980-1

TOPP 5906
ISBN 978-3-7724-5906

TOPP 7693
ISBN 978-3-7724-7693-8

TOPP 7468
ISBN 978-3-7724-7468-2

TOPP 7514
ISBN 978-3-7724-7514-6

Ideen für Kreative

Kreativ sein bedeutet, mit den eigenen Händen schöne Dinge zu schaffen. Egal, welches Material oder welche Technik Sie bevorzugen, in diesen Büchern finden Sie zahlreiche Ideen und Inspirationen für die verschiedensten Gelegenheiten.

Anne Iburg ist Diätassistentin und Diplom-Oecotrophologin und hat schon über 30 Ernährungsratgeber geschrieben. Vor dem Einstieg in den Journalismus war sie als hauswirtschaftliche Beraterin in einem in Deutschland bekannten Kochstudio tätig. Sie weiß aus der Praxis, worüber sie schreibt. Neben dem Schreiben ist sie als Dozentin und Ernährungsberaterin tätig.

TOPP – Unsere Servicegarantie

WIR SIND FÜR SIE DA! Bei Fragen zu unserem umfangreichen Programm oder Anregungen freuen wir uns über Ihren Anruf oder Ihre Post. Loben Sie uns, aber scheuen Sie sich auch nicht, Ihre Kritik mitzuteilen – sie hilft uns, ständig besser zu werden.

Bei Fragen zu einzelnen Materialien oder Techniken wenden Sie sich bitte an unseren Kreativservice, Frau Erika Noll.
mail@kreativ-service.info
Telefon 0 50 52 / 91 18 58

Das Produktmanagement erreichen Sie unter:
pm@frechverlag.de
oder:
frechverlag
Produktmanagement
Turbinenstraße 7
70499 Stuttgart
Telefon 07 11 / 8 30 86 68

LERNEN SIE UNS BESSER KENNEN! Fragen Sie Ihren Hobbyfach- oder Buchhändler nach unserem kostenlosen Magazin **Meine kreative Welt**. Darin entdecken Sie dreimal im Jahr die neuesten Kreativtrends und interessantesten Buchneuheiten.

Oder besuchen Sie uns im Internet! Unter **www.topp-kreativ.de** können Sie sich über unser umfangreiches Buchprogramm informieren, unsere Autoren kennenlernen sowie aktuelle Highlights und neue Kreativtechniken entdecken, kurz – die ganze Welt der Kreativität.

Kreativ immer up to date sind Sie mit unserem monatlichen **Newsletter** mit den aktuellsten News aus dem frechverlag, Gratis-Bastelanleitungen und attraktiven Gewinnspielen.

IMPRESSUM

FOTOS: frechverlag GmbH, 70499 Stuttgart; istock: joris484 (Umschlagklappe vorne unten), khudoliy (Umschlagklappe vorne oben links), fcafotodigital (Umschlagklappe vorne Mitte rechts), warrengoldswain (Umschlag hinten rechts), anakopa (Umschlag hinten links), AnnaIleysh (S. 4), missaigong (S. 20/21), missaigong (S. 45), AnnaIleysh (S. 49 und S. 51), edoneil (S. 53); fotolia: ematon (Umschlagklappe vorne oben rechts), Valentina R. (Umschlagklappe vorne Mitte links), okkijan2010 (Umschlag vorne links), fotografiche.eu (Umschlag vorne rechts), iMarzi (S. 2), gitusik (S. 25 links), tuan_azizi (S. 25 Mitte), yanadjan (S. 25 rechts), baibaz (S. 28 links), silverspiralarts (S. 28 Mitte), Bernd Beinicke (S. 28 rechts), id-art (S. 31 links und Mitte), lena_zajchikova (S. 31 rechts), amy_lv (S. 44 links), eskay lim (S. 44 Mitte), Photoboyko (S. 44 rechts), rdnzl (S. 50 Mitte), manulito (S. 50 links), Roman (S. 50 rechts), lilechka75 (S. 57 rechts), myFood (S. 57 links), Eddie (S. 57 Mitte), GreenArt Photography (S. 59 links), Dionisvera (S. 59 Mitte), Daniel Vincek (S. 59 rechts)

PRODUKTMANAGEMENT: Katrin Hartmann

GESTALTUNG: Atelier Schwab, Haselund

DRUCK: GPS Group GmbH, Österreich

1. Auflage 2017

© 2017 **frechverlag** GmbH, Turbinenstraße 7, 70499 Stuttgart

ISBN 978-3-7724-4266-7 • Best.-Nr. 4266